T0379085

Diseño y construcción para ayudar

Nikole Brooks Bethea y Alma Patricia Ramirez

ROURKE'S SCHOOL to HOME CONNECTIONS
ANTES Y DURANTE LAS ACTIVIDADES DE LECTURA

Antes de la lectura: *Desarrollo del conocimiento del contexto y el vocabulario*

Desarrollar el conocimiento del contexto puede ayudar a los niños a procesar la información nueva y usar como base lo que ya saben. Antes de leer un libro, es importante utilizar lo que ya saben los niños acerca del tema. Esto los ayudará a desarrollar su vocabulario e incrementar la comprensión de la lectura.

Preguntas y actividades para desarrollar el conocimiento del contexto:

1. Ve la portada del libro y lee el título. ¿De qué crees que trata este libro?
2. ¿Qué sabes de este tema?
3. Hojea el libro y echa un vistazo a las páginas. Ve el contenido, las fotografías, los pies de fotografía y las palabras en negritas. ¿Estas características del texto te dieron información o predicciones acerca de lo que leerás en este libro?

Vocabulario: El vocabulario es la clave para la comprensión de la lectura

Use las siguientes instrucciones para iniciar una conversación acerca de cada palabra.

- Lee las palabras de vocabulario.
- ¿Qué te viene a la mente cuando ves cada palabra?
- ¿Qué crees que significa cada palabra?

Palabras de vocabulario:
- *dispositivos*
- *ingenieros*
- *robots*
- *paneles solares*

Durante la lectura: *Leer para obtener significado y entendimiento*

Para lograr la comprensión profunda de un libro, se anima a los niños a que usen estrategias de lectura detallada. Durante la lectura, es importante hacer que los niños se detengan y establezcan conexiones. Estas conexiones darán como resultado un análisis y entendimiento más profundos de un libro.

 ### Lectura detallada de un texto

Durante la lectura, pida a los niños que se detengan y hablen acerca de lo siguiente:

- Partes que sean confusas
- Palabras que no conozcan
- Conexiones texto a texto, texto a ti mismo, texto al mundo
- La idea principal en cada capítulo o encabezado

Anime a los niños a usar las pistas del contexto para determinar el significado de las palabras que no conozcan. Estas estrategias ayudarán a los niños a aprender a analizar el texto más minuciosamente mientras leen.

Cuando termine de leer este libro, vaya a la última página para ver una **Actividad para después de la lectura.**

Contenido

Ayuda para nuestra salud 4

Ayuda para las emergencias 10

Ayuda para Tierra.....................................16

Glosario de fotografías.........................22

Actividad de diseño de ingeniería..23

Índice.. 24

Actividad para después
de la lectura.. 24

Acerca del autor... 24

Ayuda para nuestra salud

¡Los **ingenieros** nos ayudan!

Algunas veces, las partes del cuerpo no funcionan bien. Los ingenieros diseñan **dispositivos** para ayudar.

Este niño tiene problemas para escuchar. Los ingenieros construyen un dispositivo que lo ayuda a escuchar.

A algunas personas les faltan partes del cuerpo. Los ingenieros pueden construir partes nuevas.

Los ingenieros diseñaron una pierna artificial para que esta persona pueda caminar.

Algunas personas tienen corazones que necesitan ayuda para latir. Un marcapasos es una máquina pequeña que un doctor puede poner dentro del cuerpo. Ayuda a los corazones a mantener un latido saludable.

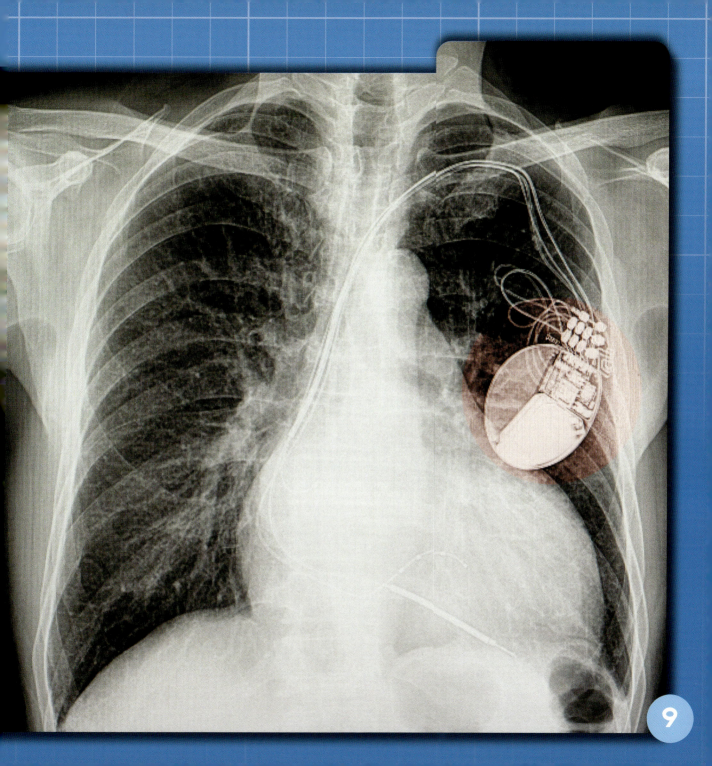

Ayuda para las emergencias

Los ingenieros diseñan dispositivos para ayudar en las emergencias.

Se llama a los policías en situaciones peligrosas.

Ellos no siempre saben lo que se van a encontrar.

Los ingenieros construyen **robots** que pueden explorar lugares que son peligrosos o difíciles de alcanzar.

Los robots se controlan de forma remota.

Los robots permiten a la policía que vea y escuche lo que está sucediendo.

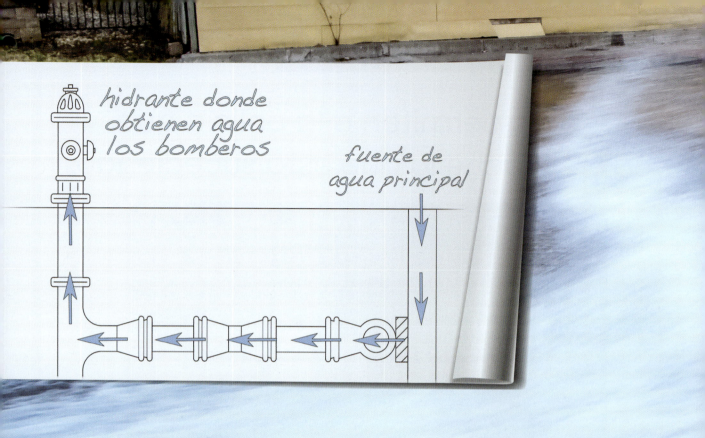

Necesitamos agua para combatir los incendios. Los ingenieros diseñan formas para obtener agua en el lugar que la necesitan.

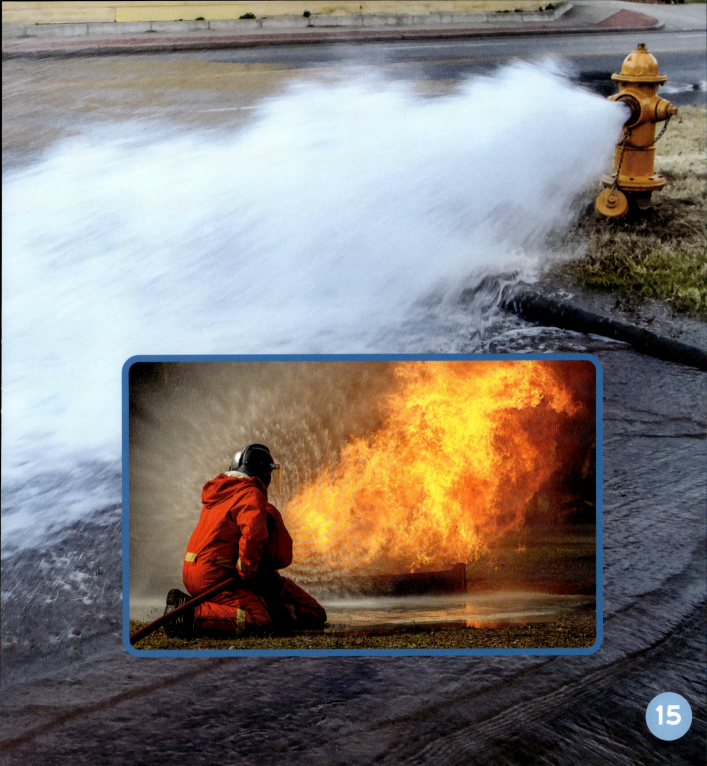

Ayuda para la tierra

Las personas necesitan electricidad para las luces, el calor, las computadoras y más. La mayor parte de la electricidad se produce al quemar carbón, petróleo o gas natural.

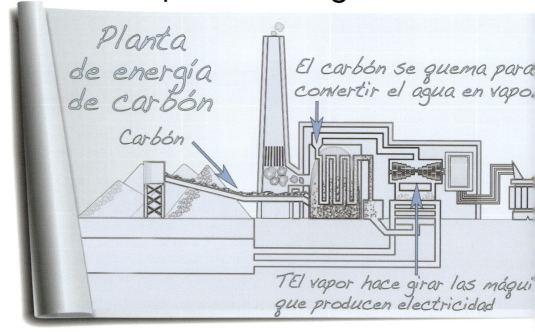

Esto envía gases al aire que atrapa calor. Esto es malo para nuestro planeta.

Los ingenieros buscan formas mejores para producir electricidad. Diseñan **paneles solares**. Producen electricidad usando los rayos del sol.

Los ingenieros construyen turbinas de viento. Esto produce electricidad a partir del poder del viento.

¿Cómo te han ayudado los ingenieros?

Glosario de fotografías

dispositivos (dis-po-si-ti-vos): Equipo que hace un trabajo específico.

ingenieros (in-ge-nie-ros): Personas que usan matemáticas, ciencias y tecnología para resolver problemas.

robots (ro-bots): Máquinas programadas para completar tareas complejas.

paneles solares (pa-ne-les so-la-res): Dispositivos planos que usan la luz del sol para producir electricidad.

Actividad

Actividad de diseño de ingeniería

¿Qué diseño usarás para crear una mano artificial?

Materiales

cartón o cartulina delgada (como una caja de cereal)
lápiz
tijeras
popotes (5)
piezas de estambre cortadas del tamaño de la longitud de tu brazo (5)
cinta transparente para envolver regalos

Instrucciones

Traza tu mano en el cartón o la cartulina. Recórtala. Mira tu mano. Fíjate en dónde se doblan tus articulaciones y márcalas en tu mano de cartón. Fíjate en dónde están tus huesos. ¿Puedes usar popotes para hacer los huesos? ¿Puedes usar cuerdas para hacer que la mano completa se mueva? Termina de crear tu mano artificial con los popotes, estambre, cinta y tijeras. (Pista: Tal vez necesites cortar los popotes para que se doblen con las articulaciones).

Índice
pierna artificial 7
carbón 16
electricidad 16, 18, 20
bomberos 14
gas natural 16
petróleo 16

Acerca del autor

Además de escribir libros de ciencias para niños, Nikole Brooks Bethea es una ingeniera profesional. Sus diseños incluyen tanques de agua altos, sistemas para tratamiento de agua potable y aguas residuales e instalaciones de agua y aguas residuales subterráneas. Ella vive en la franja territorial de Florida con su esposo y sus cuatro hijos.

Actividad para después de la lectura

Mira alrededor de tu ciudad. ¿Puedes hallar ejemplos de dispositivos que te ayudan? Piensa en los policías, bomberos, doctores y otros miembros de la comunidad. ¿Qué herramientas y tecnología usan para ayudar a las personas? Haz una lista. Pon una marca al lado de un dispositivo acerca del que quieres aprender más. Luego, investiga para hallar cómo lo diseñaron y lo construyeron los ingenieros.

Library of Congress PCN Data

© 2022 Rourke Educational Media

Diseño y construcción para ayudar / Nikole Brooks Bethea
(Mi biblioteca de ingeniería)
ISBN 978-1-73164-911-9 (hard cover)(alk. paper)
ISBN 978-1-73164-859-4 (soft cover)
ISBN 978-1-73164-963-8 (e-Book)
ISBN 978-1-73165-015-3 (e-Pub)
Library of Congress Control Number: 2021935439

All rights reserved. No part of this book may be reproduced or utilized in any form or by any means, electronic or mechanical including photocopying, recording, or by any information storage and retrieval system without permission in writing from the publisher.
www.rourkeeducationalmedia.com

Editado por: Hailey Scragg
Cover and interior design by: Rhea Magaro-Wallace
Traducción: Alma Patricia Ramirez

Photo Credits: Cover logo: frog ©Eric Phol, test tube ©Sergey Lazarev, cover tab art ©siridhata, cover photo ©agnormark; pages 5, 22: ©Kalah_R; pages 6, 22: ©SeventyFour; page 7: ©adamkaz; page 9: ©Sopone Nawoot, page 11: ©MattGush; page 12: ©Nerthuz, pages 13, 22: ©ONFOKUS; page 15: ©2017 Wattanachon Kongthon; page 16: ©Tennessee Valley Authority; page 17: CreativeNature_nl; pages 18, 19, 22: ©xijian; page 20: ©Mimadeo; page 21: ©Viacheslav Peretiatko

Rourke Educational Media
Printed in the United States of America
01-1872111937